THIS BOOK BELONGS TO:

NAME

_____

ADDRESS

_____

_____

_____

PHONE

_____

EMAIL

_____

FAMILY

NAME _____

ADDRESS _____

_____

_____

HOME _____

MOBILE _____

WORK _____

EMAIL _____

SPOUSE / PARTNER / CHILDREN _____

_____

BIRTHDAY _____ ☐ MOVED—SEE NEW ENTRY

• •

NAME _____

ADDRESS _____

_____

_____

HOME _____

MOBILE _____

WORK _____

EMAIL _____

SPOUSE / PARTNER / CHILDREN _____

_____

BIRTHDAY _____ ☐ MOVED—SEE NEW ENTRY

NAME _____

ADDRESS _____

_____

_____

HOME _____

MOBILE _____

WORK _____

EMAIL _____

SPOUSE / PARTNER / CHILDREN _____

_____

BIRTHDAY _____ ☐ MOVED—SEE NEW ENTRY

• •

NAME _____

ADDRESS _____

_____

_____

HOME _____

MOBILE _____

WORK _____

EMAIL _____

SPOUSE / PARTNER / CHILDREN _____

_____

BIRTHDAY _____ ☐ MOVED—SEE NEW ENTRY

NAME _____

ADDRESS _____

_____

_____

HOME _____

MOBILE _____

WORK _____

EMAIL _____

SPOUSE / PARTNER / CHILDREN _____

_____

BIRTHDAY _____ ☐ MOVED—SEE NEW ENTRY

· ·

NAME _____

ADDRESS _____

_____

_____

HOME _____

MOBILE _____

WORK _____

EMAIL _____

SPOUSE / PARTNER / CHILDREN _____

_____

BIRTHDAY _____ ☐ MOVED—SEE NEW ENTRY

NAME _____

ADDRESS _____

_____

_____

HOME _____

MOBILE _____

WORK _____

EMAIL _____

SPOUSE / PARTNER / CHILDREN _____

_____

BIRTHDAY _____ ☐ MOVED—SEE NEW ENTRY

• •

NAME _____

ADDRESS _____

_____

_____

HOME _____

MOBILE _____

WORK _____

EMAIL _____

SPOUSE / PARTNER / CHILDREN _____

_____

BIRTHDAY _____ ☐ MOVED—SEE NEW ENTRY

NAME _____

ADDRESS _____

_____

_____

HOME _____

MOBILE _____

WORK _____

EMAIL _____

SPOUSE / PARTNER / CHILDREN _____

_____

BIRTHDAY _____ ☐ MOVED—SEE NEW ENTRY

• •

NAME _____

ADDRESS _____

_____

_____

HOME _____

MOBILE _____

WORK _____

EMAIL _____

SPOUSE / PARTNER / CHILDREN _____

_____

BIRTHDAY _____ ☐ MOVED—SEE NEW ENTRY

—⟫⟫⟩ ❀ ⟨⟨⟨—

NAME _____

ADDRESS _____

_____

_____

HOME _____

MOBILE _____

WORK _____

EMAIL _____

SPOUSE / PARTNER / CHILDREN _____

_____

BIRTHDAY _____ ☐ MOVED—SEE NEW ENTRY

• •

NAME _____

ADDRESS _____

_____

_____

HOME _____

MOBILE _____

WORK _____

EMAIL _____

SPOUSE / PARTNER / CHILDREN _____

_____

BIRTHDAY _____ ☐ MOVED—SEE NEW ENTRY

NAME _____

ADDRESS _____

_____

_____

HOME _____

MOBILE _____

WORK _____

EMAIL _____

SPOUSE / PARTNER / CHILDREN _____

_____

BIRTHDAY _____ ☐ MOVED—SEE NEW ENTRY

• •

NAME _____

ADDRESS _____

_____

_____

HOME _____

MOBILE _____

WORK _____

EMAIL _____

SPOUSE / PARTNER / CHILDREN _____

_____

BIRTHDAY _____ ☐ MOVED—SEE NEW ENTRY

—»»»— ❀ —«««—

NAME _____

ADDRESS _____

_____

_____

HOME _____

MOBILE _____

WORK _____

EMAIL _____

SPOUSE / PARTNER / CHILDREN _____

_____

BIRTHDAY _____ ☐ MOVED—SEE NEW ENTRY

· ·

NAME _____

ADDRESS _____

_____

_____

HOME _____

MOBILE _____

WORK _____

EMAIL _____

SPOUSE / PARTNER / CHILDREN _____

_____

BIRTHDAY _____ ☐ MOVED—SEE NEW ENTRY

NAME _____

ADDRESS _____

_____

_____

HOME _____

MOBILE _____

WORK _____

EMAIL _____

SPOUSE / PARTNER / CHILDREN _____

_____

BIRTHDAY _____ ☐ MOVED—SEE NEW ENTRY

· ·

NAME _____

ADDRESS _____

_____

_____

HOME _____

MOBILE _____

WORK _____

EMAIL _____

SPOUSE / PARTNER / CHILDREN _____

_____

BIRTHDAY _____ ☐ MOVED—SEE NEW ENTRY

NAME _____

ADDRESS _____

_____

_____

HOME _____

MOBILE _____

WORK _____

EMAIL _____

SPOUSE / PARTNER / CHILDREN _____

_____

BIRTHDAY _____ ☐ MOVED—SEE NEW ENTRY

· ·

NAME _____

ADDRESS _____

_____

_____

HOME _____

MOBILE _____

WORK _____

EMAIL _____

SPOUSE / PARTNER / CHILDREN _____

_____

BIRTHDAY _____ ☐ MOVED—SEE NEW ENTRY

NAME _____

ADDRESS _____

_____

_____

HOME _____

MOBILE _____

WORK _____

EMAIL _____

SPOUSE / PARTNER / CHILDREN _____

_____

BIRTHDAY _____ ☐ MOVED—SEE NEW ENTRY

• •

NAME _____

ADDRESS _____

_____

_____

HOME _____

MOBILE _____

WORK _____

EMAIL _____

SPOUSE / PARTNER / CHILDREN _____

_____

BIRTHDAY _____ ☐ MOVED—SEE NEW ENTRY

NAME _____

ADDRESS _____

_____

_____

HOME _____

MOBILE _____

WORK _____

EMAIL _____

SPOUSE / PARTNER / CHILDREN _____

_____

BIRTHDAY _____ ☐ MOVED—SEE NEW ENTRY

• •

NAME _____

ADDRESS _____

_____

_____

HOME _____

MOBILE _____

WORK _____

EMAIL _____

SPOUSE / PARTNER / CHILDREN _____

_____

BIRTHDAY _____ ☐ MOVED—SEE NEW ENTRY

NAME _____

ADDRESS _____

_____

_____

HOME _____

MOBILE _____

WORK _____

EMAIL _____

SPOUSE / PARTNER / CHILDREN _____

_____

BIRTHDAY _____ ☐ MOVED—SEE NEW ENTRY

• •

NAME _____

ADDRESS _____

_____

_____

HOME _____

MOBILE _____

WORK _____

EMAIL _____

SPOUSE / PARTNER / CHILDREN _____

_____

BIRTHDAY _____ ☐ MOVED—SEE NEW ENTRY

NAME _____

ADDRESS _____

_____

_____

HOME _____

MOBILE _____

WORK _____

EMAIL _____

SPOUSE / PARTNER / CHILDREN _____

_____

BIRTHDAY _____ ☐ MOVED—SEE NEW ENTRY

• •

NAME _____

ADDRESS _____

_____

_____

HOME _____

MOBILE _____

WORK _____

EMAIL _____

SPOUSE / PARTNER / CHILDREN _____

_____

BIRTHDAY _____ ☐ MOVED—SEE NEW ENTRY

NAME _____

ADDRESS _____

_____

_____

HOME _____

MOBILE _____

WORK _____

EMAIL _____

SPOUSE / PARTNER / CHILDREN _____

_____

BIRTHDAY _____ ☐ MOVED—SEE NEW ENTRY

• •

NAME _____

ADDRESS _____

_____

_____

HOME _____

MOBILE _____

WORK _____

EMAIL _____

SPOUSE / PARTNER / CHILDREN _____

_____

BIRTHDAY _____ ☐ MOVED—SEE NEW ENTRY

NAME _____

ADDRESS _____

_____

_____

HOME _____

MOBILE _____

WORK _____

EMAIL _____

SPOUSE / PARTNER / CHILDREN _____

_____

BIRTHDAY _____ ☐ MOVED—SEE NEW ENTRY

• •

NAME _____

ADDRESS _____

_____

_____

HOME _____

MOBILE _____

WORK _____

EMAIL _____

SPOUSE / PARTNER / CHILDREN _____

_____

BIRTHDAY _____ ☐ MOVED—SEE NEW ENTRY

NAME _____

ADDRESS _____

_____

_____

HOME _____

MOBILE _____

WORK _____

EMAIL _____

SPOUSE / PARTNER / CHILDREN _____

_____

BIRTHDAY _____ ☐ MOVED—SEE NEW ENTRY

· ·

NAME _____

ADDRESS _____

_____

_____

HOME _____

MOBILE _____

WORK _____

EMAIL _____

SPOUSE / PARTNER / CHILDREN _____

_____

BIRTHDAY _____ ☐ MOVED—SEE NEW ENTRY

NAME _____

ADDRESS _____

_____

_____

HOME _____

MOBILE _____

WORK _____

EMAIL _____

SPOUSE / PARTNER / CHILDREN _____

_____

BIRTHDAY _____ ☐ MOVED—SEE NEW ENTRY

• •

NAME _____

ADDRESS _____

_____

_____

HOME _____

MOBILE _____

WORK _____

EMAIL _____

SPOUSE / PARTNER / CHILDREN _____

_____

BIRTHDAY _____ ☐ MOVED—SEE NEW ENTRY

NAME _____

ADDRESS _____

_____

_____

HOME _____

MOBILE _____

WORK _____

EMAIL _____

SPOUSE / PARTNER / CHILDREN _____

_____

BIRTHDAY _____ ☐ MOVED—SEE NEW ENTRY

· ·

NAME _____

ADDRESS _____

_____

_____

HOME _____

MOBILE _____

WORK _____

EMAIL _____

SPOUSE / PARTNER / CHILDREN _____

_____

BIRTHDAY _____ ☐ MOVED—SEE NEW ENTRY

—)))))—◉—(((((—

NAME _____

ADDRESS _____

_____

_____

HOME _____

MOBILE _____

WORK _____

EMAIL _____

SPOUSE / PARTNER / CHILDREN _____

_____

BIRTHDAY _____ ☐ MOVED—SEE NEW ENTRY

. . . .

NAME _____

ADDRESS _____

_____

_____

HOME _____

MOBILE _____

WORK _____

EMAIL _____

SPOUSE / PARTNER / CHILDREN _____

_____

BIRTHDAY _____ ☐ MOVED—SEE NEW ENTRY

NAME _____

ADDRESS _____

_____

_____

HOME _____

MOBILE _____

WORK _____

EMAIL _____

SPOUSE / PARTNER / CHILDREN _____

_____

BIRTHDAY _____ ☐ MOVED—SEE NEW ENTRY

• •

NAME _____

ADDRESS _____

_____

_____

HOME _____

MOBILE _____

WORK _____

EMAIL _____

SPOUSE / PARTNER / CHILDREN _____

_____

BIRTHDAY _____ ☐ MOVED—SEE NEW ENTRY

**C
D**

NAME _____

ADDRESS _____

_____

_____

HOME _____

MOBILE _____

WORK _____

EMAIL _____

SPOUSE / PARTNER / CHILDREN _____

_____

BIRTHDAY _____ ☐ MOVED—SEE NEW ENTRY

• •

NAME _____

ADDRESS _____

_____

_____

HOME _____

MOBILE _____

WORK _____

EMAIL _____

SPOUSE / PARTNER / CHILDREN _____

_____

BIRTHDAY _____ ☐ MOVED—SEE NEW ENTRY

NAME _____

ADDRESS _____

_____

_____

HOME _____

MOBILE _____

WORK _____

EMAIL _____

SPOUSE / PARTNER / CHILDREN _____

_____

BIRTHDAY _____ ☐ MOVED—SEE NEW ENTRY

• •

NAME _____

ADDRESS _____

_____

_____

HOME _____

MOBILE _____

WORK _____

EMAIL _____

SPOUSE / PARTNER / CHILDREN _____

_____

BIRTHDAY _____ ☐ MOVED—SEE NEW ENTRY

NAME _____

ADDRESS _____

_____

_____

HOME _____

MOBILE _____

WORK _____

EMAIL _____

SPOUSE / PARTNER / CHILDREN _____

_____

BIRTHDAY _____ ☐ MOVED—SEE NEW ENTRY

• •

NAME _____

ADDRESS _____

_____

_____

HOME _____

MOBILE _____

WORK _____

EMAIL _____

SPOUSE / PARTNER / CHILDREN _____

_____

BIRTHDAY _____ ☐ MOVED—SEE NEW ENTRY

NAME _____

ADDRESS _____

_____

_____

HOME _____

MOBILE _____

WORK _____

EMAIL _____

SPOUSE / PARTNER / CHILDREN _____

_____

BIRTHDAY _____ ☐ MOVED—SEE NEW ENTRY

• •

NAME _____

ADDRESS _____

_____

_____

HOME _____

MOBILE _____

WORK _____

EMAIL _____

SPOUSE / PARTNER / CHILDREN _____

_____

BIRTHDAY _____ ☐ MOVED—SEE NEW ENTRY

NAME _____

ADDRESS _____

_____

_____

HOME _____

MOBILE _____

WORK _____

EMAIL _____

SPOUSE / PARTNER / CHILDREN _____

_____

BIRTHDAY _____ ☐ MOVED—SEE NEW ENTRY

• •

NAME _____

ADDRESS _____

_____

_____

HOME _____

MOBILE _____

WORK _____

EMAIL _____

SPOUSE / PARTNER / CHILDREN _____

_____

BIRTHDAY _____ ☐ MOVED—SEE NEW ENTRY

NAME _____

ADDRESS _____

_____

_____

HOME _____

MOBILE _____

WORK _____

EMAIL _____

SPOUSE / PARTNER / CHILDREN _____

_____

BIRTHDAY _____ ☐ MOVED—SEE NEW ENTRY

• •

NAME _____

ADDRESS _____

_____

_____

HOME _____

MOBILE _____

WORK _____

EMAIL _____

SPOUSE / PARTNER / CHILDREN _____

_____

BIRTHDAY _____ ☐ MOVED—SEE NEW ENTRY

NAME _____

ADDRESS _____

_____

_____

HOME _____

MOBILE _____

WORK _____

EMAIL _____

SPOUSE / PARTNER / CHILDREN _____

_____

BIRTHDAY _____ ☐ MOVED—SEE NEW ENTRY

• •

NAME _____

ADDRESS _____

_____

_____

HOME _____

MOBILE _____

WORK _____

EMAIL _____

SPOUSE / PARTNER / CHILDREN _____

_____

BIRTHDAY _____ ☐ MOVED—SEE NEW ENTRY

NAME _____

ADDRESS _____

_____

_____

HOME _____

MOBILE _____

WORK _____

EMAIL _____

SPOUSE / PARTNER / CHILDREN _____

_____

BIRTHDAY _____ ☐ MOVED—SEE NEW ENTRY

• •

NAME _____

ADDRESS _____

_____

_____

HOME _____

MOBILE _____

WORK _____

EMAIL _____

SPOUSE / PARTNER / CHILDREN _____

_____

BIRTHDAY _____ ☐ MOVED—SEE NEW ENTRY

NAME _____

ADDRESS _____

_____

_____

HOME _____

MOBILE _____

WORK _____

EMAIL _____

SPOUSE / PARTNER / CHILDREN _____

_____

BIRTHDAY _____ ☐ MOVED—SEE NEW ENTRY

. . . .

NAME _____

ADDRESS _____

_____

_____

HOME _____

MOBILE _____

WORK _____

EMAIL _____

SPOUSE / PARTNER / CHILDREN _____

_____

BIRTHDAY _____ ☐ MOVED—SEE NEW ENTRY

NAME _____

ADDRESS _____

_____

_____

HOME _____

MOBILE _____

WORK _____

EMAIL _____

SPOUSE / PARTNER / CHILDREN _____

_____

BIRTHDAY _____ ☐ MOVED—SEE NEW ENTRY

• •

NAME _____

ADDRESS _____

_____

_____

HOME _____

MOBILE _____

WORK _____

EMAIL _____

SPOUSE / PARTNER / CHILDREN _____

_____

BIRTHDAY _____ ☐ MOVED—SEE NEW ENTRY

NAME _____

ADDRESS _____

_____

_____

HOME _____

MOBILE _____

WORK _____

EMAIL _____

SPOUSE / PARTNER / CHILDREN _____

_____

BIRTHDAY _____ ☐ MOVED—SEE NEW ENTRY

. . . .

NAME _____

ADDRESS _____

_____

_____

HOME _____

MOBILE _____

WORK _____

EMAIL _____

SPOUSE / PARTNER / CHILDREN _____

_____

BIRTHDAY _____ ☐ MOVED—SEE NEW ENTRY

NAME _____

ADDRESS _____

_____

_____

HOME _____

MOBILE _____

WORK _____

EMAIL _____

SPOUSE / PARTNER / CHILDREN _____

_____

BIRTHDAY _____ ☐ MOVED—SEE NEW ENTRY

• •

NAME _____

ADDRESS _____

_____

_____

HOME _____

MOBILE _____

WORK _____

EMAIL _____

SPOUSE / PARTNER / CHILDREN _____

_____

BIRTHDAY _____ ☐ MOVED—SEE NEW ENTRY

NAME _____

ADDRESS _____

_____

_____

HOME _____

MOBILE _____

WORK _____

EMAIL _____

SPOUSE / PARTNER / CHILDREN _____

_____

BIRTHDAY _____ ☐ MOVED—SEE NEW ENTRY

• •

NAME _____

ADDRESS _____

_____

_____

HOME _____

MOBILE _____

WORK _____

EMAIL _____

SPOUSE / PARTNER / CHILDREN _____

_____

BIRTHDAY _____ ☐ MOVED—SEE NEW ENTRY

NAME _____

ADDRESS _____

_____

_____

HOME _____

MOBILE _____

WORK _____

EMAIL _____

SPOUSE / PARTNER / CHILDREN _____

_____

BIRTHDAY _____ ☐ MOVED—SEE NEW ENTRY

· ·

NAME _____

ADDRESS _____

_____

_____

HOME _____

MOBILE _____

WORK _____

EMAIL _____

SPOUSE / PARTNER / CHILDREN _____

_____

BIRTHDAY _____ ☐ MOVED—SEE NEW ENTRY

NAME _____

ADDRESS _____

_____

_____

HOME _____

MOBILE _____

WORK _____

EMAIL _____

SPOUSE / PARTNER / CHILDREN _____

_____

BIRTHDAY _____ ☐ MOVED—SEE NEW ENTRY

• •

NAME _____

ADDRESS _____

_____

_____

HOME _____

MOBILE _____

WORK _____

EMAIL _____

SPOUSE / PARTNER / CHILDREN _____

_____

BIRTHDAY _____ ☐ MOVED—SEE NEW ENTRY

NAME _____

ADDRESS _____

_____

_____

HOME _____

MOBILE _____

WORK _____

EMAIL _____

SPOUSE / PARTNER / CHILDREN _____

_____

BIRTHDAY _____ ☐ MOVED—SEE NEW ENTRY

• •

NAME _____

ADDRESS _____

_____

_____

HOME _____

MOBILE _____

WORK _____

EMAIL _____

SPOUSE / PARTNER / CHILDREN _____

_____

BIRTHDAY _____ ☐ MOVED—SEE NEW ENTRY

NAME _____

ADDRESS _____

_____

_____

HOME _____

MOBILE _____

WORK _____

EMAIL _____

SPOUSE / PARTNER / CHILDREN _____

_____

BIRTHDAY _____ ☐ MOVED—SEE NEW ENTRY

• •

NAME _____

ADDRESS _____

_____

_____

HOME _____

MOBILE _____

WORK _____

EMAIL _____

SPOUSE / PARTNER / CHILDREN _____

_____

BIRTHDAY _____ ☐ MOVED—SEE NEW ENTRY

NAME _____

ADDRESS _____

_____

_____

HOME _____

MOBILE _____

WORK _____

EMAIL _____

SPOUSE / PARTNER / CHILDREN _____

_____

BIRTHDAY _____ ☐ MOVED—SEE NEW ENTRY

• •

NAME _____

ADDRESS _____

_____

_____

HOME _____

MOBILE _____

WORK _____

EMAIL _____

SPOUSE / PARTNER / CHILDREN _____

_____

BIRTHDAY _____ ☐ MOVED—SEE NEW ENTRY

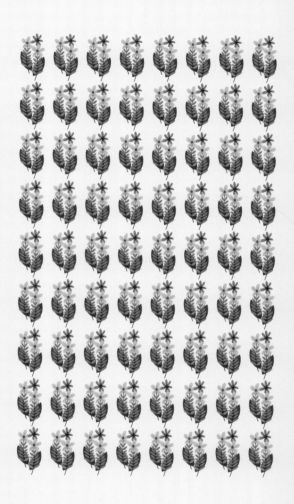

NAME _____

ADDRESS _____

_____

_____

HOME _____

MOBILE _____

WORK _____

EMAIL _____

SPOUSE / PARTNER / CHILDREN _____

_____

BIRTHDAY _____ ☐ MOVED—SEE NEW ENTRY

• •

NAME _____

ADDRESS _____

_____

_____

HOME _____

MOBILE _____

WORK _____

EMAIL _____

SPOUSE / PARTNER / CHILDREN _____

_____

BIRTHDAY _____ ☐ MOVED—SEE NEW ENTRY

NAME _____

ADDRESS _____

_____

_____

HOME _____

MOBILE _____

WORK _____

EMAIL _____

SPOUSE / PARTNER / CHILDREN _____

_____

BIRTHDAY _____ ☐ MOVED—SEE NEW ENTRY

• •

NAME _____

ADDRESS _____

_____

_____

HOME _____

MOBILE _____

WORK _____

EMAIL _____

SPOUSE / PARTNER / CHILDREN _____

_____

BIRTHDAY _____ ☐ MOVED—SEE NEW ENTRY

NAME _____

ADDRESS _____

_____

_____

HOME _____

MOBILE _____

WORK _____

EMAIL _____

SPOUSE / PARTNER / CHILDREN _____

_____

BIRTHDAY _____ ☐ MOVED—SEE NEW ENTRY

. . . .

NAME _____

ADDRESS _____

_____

_____

HOME _____

MOBILE _____

WORK _____

EMAIL _____

SPOUSE / PARTNER / CHILDREN _____

_____

BIRTHDAY _____ ☐ MOVED—SEE NEW ENTRY

NAME _____

ADDRESS _____

_____

_____

HOME _____

MOBILE _____

WORK _____

EMAIL _____

SPOUSE / PARTNER / CHILDREN _____

_____

BIRTHDAY _____ ☐ MOVED—SEE NEW ENTRY

· ·

NAME _____

ADDRESS _____

_____

_____

HOME _____

MOBILE _____

WORK _____

EMAIL _____

SPOUSE / PARTNER / CHILDREN _____

_____

BIRTHDAY _____ ☐ MOVED—SEE NEW ENTRY

NAME _____

ADDRESS _____

_____

_____

HOME _____

MOBILE _____

WORK _____

EMAIL _____

SPOUSE / PARTNER / CHILDREN _____

_____

BIRTHDAY _____ ☐ MOVED—SEE NEW ENTRY

· ·

NAME _____

ADDRESS _____

_____

_____

HOME _____

MOBILE _____

WORK _____

EMAIL _____

SPOUSE / PARTNER / CHILDREN _____

_____

BIRTHDAY _____ ☐ MOVED—SEE NEW ENTRY

NAME _____

ADDRESS _____

_____

_____

HOME _____

MOBILE _____

WORK _____

EMAIL _____

SPOUSE / PARTNER / CHILDREN _____

_____

BIRTHDAY _____ ☐ MOVED—SEE NEW ENTRY

· ·

NAME _____

ADDRESS _____

_____

_____

HOME _____

MOBILE _____

WORK _____

EMAIL _____

SPOUSE / PARTNER / CHILDREN _____

_____

BIRTHDAY _____ ☐ MOVED—SEE NEW ENTRY

NAME _____

ADDRESS _____

_____

_____

HOME _____

MOBILE _____

WORK _____

EMAIL _____

SPOUSE / PARTNER / CHILDREN _____

_____

BIRTHDAY _____ ☐ MOVED—SEE NEW ENTRY

• •

NAME _____

ADDRESS _____

_____

_____

HOME _____

MOBILE _____

WORK _____

EMAIL _____

SPOUSE / PARTNER / CHILDREN _____

_____

BIRTHDAY _____ ☐ MOVED—SEE NEW ENTRY

NAME _____

ADDRESS _____

_____

_____

HOME _____

MOBILE _____

WORK _____

EMAIL _____

SPOUSE / PARTNER / CHILDREN _____

_____

BIRTHDAY _____ ☐ MOVED—SEE NEW ENTRY

• •

NAME _____

ADDRESS _____

_____

_____

HOME _____

MOBILE _____

WORK _____

EMAIL _____

SPOUSE / PARTNER / CHILDREN _____

_____

BIRTHDAY _____ ☐ MOVED—SEE NEW ENTRY

NAME _____

ADDRESS _____

_____

_____

HOME _____

MOBILE _____

WORK _____

EMAIL _____

SPOUSE / PARTNER / CHILDREN _____

_____

BIRTHDAY _____ ☐ MOVED—SEE NEW ENTRY

• •

NAME _____

ADDRESS _____

_____

_____

HOME _____

MOBILE _____

WORK _____

EMAIL _____

SPOUSE / PARTNER / CHILDREN _____

_____

BIRTHDAY _____ ☐ MOVED—SEE NEW ENTRY

NAME _____

ADDRESS _____

_____

_____

HOME _____

MOBILE _____

WORK _____

EMAIL _____

SPOUSE / PARTNER / CHILDREN _____

_____

BIRTHDAY _____ ☐ MOVED—SEE NEW ENTRY

• •

NAME _____

ADDRESS _____

_____

_____

HOME _____

MOBILE _____

WORK _____

EMAIL _____

SPOUSE / PARTNER / CHILDREN _____

_____

BIRTHDAY _____ ☐ MOVED—SEE NEW ENTRY

NAME _____

ADDRESS _____

_____

_____

HOME _____

MOBILE _____

WORK _____

EMAIL _____

SPOUSE / PARTNER / CHILDREN _____

_____

BIRTHDAY _____ ☐ MOVED—SEE NEW ENTRY

• •

NAME _____

ADDRESS _____

_____

_____

HOME _____

MOBILE _____

WORK _____

EMAIL _____

SPOUSE / PARTNER / CHILDREN _____

_____

BIRTHDAY _____ ☐ MOVED—SEE NEW ENTRY

NAME _____

ADDRESS _____

_____

_____

HOME _____

MOBILE _____

WORK _____

EMAIL _____

SPOUSE / PARTNER / CHILDREN _____

_____

BIRTHDAY _____ ☐ MOVED—SEE NEW ENTRY

• •

NAME _____

ADDRESS _____

_____

_____

HOME _____

MOBILE _____

WORK _____

EMAIL _____

SPOUSE / PARTNER / CHILDREN _____

_____

BIRTHDAY _____ ☐ MOVED—SEE NEW ENTRY

NAME _____

ADDRESS _____

_____

_____

HOME _____

MOBILE _____

WORK _____

EMAIL _____

SPOUSE / PARTNER / CHILDREN _____

_____

BIRTHDAY _____ ☐ MOVED—SEE NEW ENTRY

• •

NAME _____

ADDRESS _____

_____

_____

HOME _____

MOBILE _____

WORK _____

EMAIL _____

SPOUSE / PARTNER / CHILDREN _____

_____

BIRTHDAY _____ ☐ MOVED—SEE NEW ENTRY

NAME _____

ADDRESS _____

_____

_____

HOME _____

MOBILE _____

WORK _____

EMAIL _____

SPOUSE / PARTNER / CHILDREN _____

_____

BIRTHDAY _____ ☐ MOVED—SEE NEW ENTRY

· ·

NAME _____

ADDRESS _____

_____

_____

HOME _____

MOBILE _____

WORK _____

EMAIL _____

SPOUSE / PARTNER / CHILDREN _____

_____

BIRTHDAY _____ ☐ MOVED—SEE NEW ENTRY

NAME _____

ADDRESS _____

_____

_____

HOME _____

MOBILE _____

WORK _____

EMAIL _____

SPOUSE / PARTNER / CHILDREN _____

_____

BIRTHDAY _____ ☐ MOVED—SEE NEW ENTRY

• •

NAME _____

ADDRESS _____

_____

_____

HOME _____

MOBILE _____

WORK _____

EMAIL _____

SPOUSE / PARTNER / CHILDREN _____

_____

BIRTHDAY _____ ☐ MOVED—SEE NEW ENTRY

NAME _____

ADDRESS _____

_____

_____

HOME _____

MOBILE _____

WORK _____

EMAIL _____

SPOUSE / PARTNER / CHILDREN _____

_____

BIRTHDAY _____ ☐ MOVED—SEE NEW ENTRY

· ·

NAME _____

ADDRESS _____

_____

_____

HOME _____

MOBILE _____

WORK _____

EMAIL _____

SPOUSE / PARTNER / CHILDREN _____

_____

BIRTHDAY _____ ☐ MOVED—SEE NEW ENTRY

NAME _____

ADDRESS _____

_____

_____

HOME _____

MOBILE _____

WORK _____

EMAIL _____

SPOUSE / PARTNER / CHILDREN _____

_____

BIRTHDAY _____ ☐ MOVED—SEE NEW ENTRY

· ·

NAME _____

ADDRESS _____

_____

_____

HOME _____

MOBILE _____

WORK _____

EMAIL _____

SPOUSE / PARTNER / CHILDREN _____

_____

BIRTHDAY _____ ☐ MOVED—SEE NEW ENTRY

NAME _____

ADDRESS _____

_____

_____

HOME _____

MOBILE _____

WORK _____

EMAIL _____

SPOUSE / PARTNER / CHILDREN _____

_____

BIRTHDAY_____ ☐ MOVED—SEE NEW ENTRY

• •

NAME _____

ADDRESS _____

_____

_____

HOME _____

MOBILE _____

WORK _____

EMAIL _____

SPOUSE / PARTNER / CHILDREN _____

_____

BIRTHDAY_____ ☐ MOVED—SEE NEW ENTRY

NAME _____

ADDRESS _____

_____

_____

HOME _____

MOBILE _____

WORK _____

EMAIL _____

SPOUSE / PARTNER / CHILDREN _____

_____

BIRTHDAY _____ ☐ MOVED—SEE NEW ENTRY

• •

NAME _____

ADDRESS _____

_____

_____

HOME _____

MOBILE _____

WORK _____

EMAIL _____

SPOUSE / PARTNER / CHILDREN _____

_____

BIRTHDAY _____ ☐ MOVED—SEE NEW ENTRY

NAME _____

ADDRESS _____

_____

_____

HOME _____

MOBILE _____

WORK _____

EMAIL _____

SPOUSE / PARTNER / CHILDREN _____

_____

BIRTHDAY _____ ☐ MOVED—SEE NEW ENTRY

• •

NAME _____

ADDRESS _____

_____

_____

HOME _____

MOBILE _____

WORK _____

EMAIL _____

SPOUSE / PARTNER / CHILDREN _____

_____

BIRTHDAY _____ ☐ MOVED—SEE NEW ENTRY

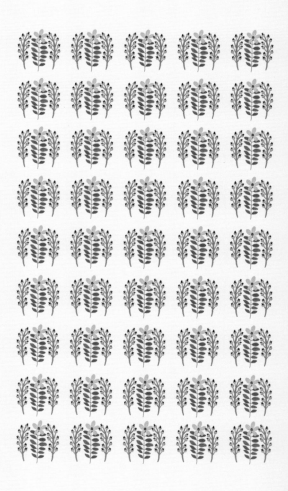

NAME _____

ADDRESS _____

_____

_____

HOME _____

MOBILE _____

WORK _____

EMAIL _____

SPOUSE / PARTNER / CHILDREN _____

_____

BIRTHDAY _____ ☐ MOVED—SEE NEW ENTRY

· ·

NAME _____

ADDRESS _____

_____

_____

HOME _____

MOBILE _____

WORK _____

EMAIL _____

SPOUSE / PARTNER / CHILDREN _____

_____

BIRTHDAY _____ ☐ MOVED—SEE NEW ENTRY

NAME _____

ADDRESS _____

_____

_____

HOME _____

MOBILE _____

WORK _____

EMAIL _____

SPOUSE / PARTNER / CHILDREN _____

_____

BIRTHDAY _____ ☐ MOVED—SEE NEW ENTRY

. . . .

NAME _____

ADDRESS _____

_____

_____

HOME _____

MOBILE _____

WORK _____

EMAIL _____

SPOUSE / PARTNER / CHILDREN _____

_____

BIRTHDAY _____ ☐ MOVED—SEE NEW ENTRY

NAME _____

ADDRESS _____

_____

_____

HOME _____

MOBILE _____

WORK _____

EMAIL _____

SPOUSE / PARTNER / CHILDREN _____

_____

BIRTHDAY _____ ☐ MOVED—SEE NEW ENTRY

• •

NAME _____

ADDRESS _____

_____

_____

HOME _____

MOBILE _____

WORK _____

EMAIL _____

SPOUSE / PARTNER / CHILDREN _____

_____

BIRTHDAY _____ ☐ MOVED—SEE NEW ENTRY

NAME _____

ADDRESS _____

_____

_____

HOME _____

MOBILE _____

WORK _____

EMAIL _____

SPOUSE / PARTNER / CHILDREN _____

_____

BIRTHDAY _____ ☐ MOVED—SEE NEW ENTRY

• •

NAME _____

ADDRESS _____

_____

_____

HOME _____

MOBILE _____

WORK _____

EMAIL _____

SPOUSE / PARTNER / CHILDREN _____

_____

BIRTHDAY _____ ☐ MOVED—SEE NEW ENTRY

NAME _____

ADDRESS _____

_____

_____

HOME _____

MOBILE _____

WORK _____

EMAIL _____

SPOUSE / PARTNER / CHILDREN _____

_____

BIRTHDAY _____ ☐ MOVED—SEE NEW ENTRY

· ·

NAME _____

ADDRESS _____

_____

_____

HOME _____

MOBILE _____

WORK _____

EMAIL _____

SPOUSE / PARTNER / CHILDREN _____

_____

BIRTHDAY _____ ☐ MOVED—SEE NEW ENTRY

NAME _____

ADDRESS _____

_____

_____

HOME _____

MOBILE _____

WORK _____

EMAIL _____

SPOUSE / PARTNER / CHILDREN _____

_____

BIRTHDAY _____ ☐ MOVED—SEE NEW ENTRY

· ·

NAME _____

ADDRESS _____

_____

_____

HOME _____

MOBILE _____

WORK _____

EMAIL _____

SPOUSE / PARTNER / CHILDREN _____

_____

BIRTHDAY _____ ☐ MOVED—SEE NEW ENTRY

NAME _____

ADDRESS _____

_____

_____

HOME _____

MOBILE _____

WORK _____

EMAIL _____

SPOUSE / PARTNER / CHILDREN _____

_____

BIRTHDAY _____ ☐ MOVED—SEE NEW ENTRY

• •

NAME _____

ADDRESS _____

_____

_____

HOME _____

MOBILE _____

WORK _____

EMAIL _____

SPOUSE / PARTNER / CHILDREN _____

_____

BIRTHDAY _____ ☐ MOVED—SEE NEW ENTRY

NAME _____

ADDRESS _____

_____

_____

HOME _____

MOBILE _____

WORK _____

EMAIL _____

SPOUSE / PARTNER / CHILDREN _____

_____

BIRTHDAY _____ ☐ MOVED—SEE NEW ENTRY

• •

NAME _____

ADDRESS _____

_____

_____

HOME _____

MOBILE _____

WORK _____

EMAIL _____

SPOUSE / PARTNER / CHILDREN _____

_____

BIRTHDAY _____ ☐ MOVED—SEE NEW ENTRY

NAME _____

ADDRESS _____

_____

_____

HOME _____

MOBILE _____

WORK _____

EMAIL _____

SPOUSE / PARTNER / CHILDREN _____

_____

BIRTHDAY _____ ☐ MOVED—SEE NEW ENTRY

· ·

NAME _____

ADDRESS _____

_____

_____

HOME _____

MOBILE _____

WORK _____

EMAIL _____

SPOUSE / PARTNER / CHILDREN _____

_____

BIRTHDAY _____ ☐ MOVED—SEE NEW ENTRY

NAME _____

ADDRESS _____

_____

_____

HOME _____

MOBILE _____

WORK _____

EMAIL _____

SPOUSE / PARTNER / CHILDREN _____

_____

BIRTHDAY _____ ☐ MOVED—SEE NEW ENTRY

• •

NAME _____

ADDRESS _____

_____

_____

HOME _____

MOBILE _____

WORK _____

EMAIL _____

SPOUSE / PARTNER / CHILDREN _____

_____

BIRTHDAY _____ ☐ MOVED—SEE NEW ENTRY

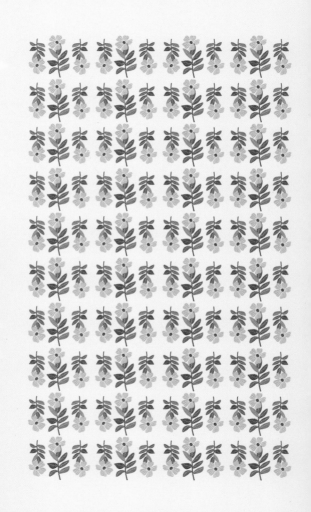

NAME _____

ADDRESS _____

_____

_____

HOME _____

MOBILE _____

WORK _____

EMAIL _____

SPOUSE / PARTNER / CHILDREN _____

_____

BIRTHDAY _____ ☐ MOVED—SEE NEW ENTRY

• •

NAME _____

ADDRESS _____

_____

_____

HOME _____

MOBILE _____

WORK _____

EMAIL _____

SPOUSE / PARTNER / CHILDREN _____

_____

BIRTHDAY _____ ☐ MOVED—SEE NEW ENTRY

NAME _____

ADDRESS _____

_____

_____

HOME _____

MOBILE _____

WORK _____

EMAIL _____

SPOUSE / PARTNER / CHILDREN _____

_____

BIRTHDAY _____ ☐ MOVED—SEE NEW ENTRY

. . . .

NAME _____

ADDRESS _____

_____

_____

HOME _____

MOBILE _____

WORK _____

EMAIL _____

SPOUSE / PARTNER / CHILDREN _____

_____

BIRTHDAY _____ ☐ MOVED—SEE NEW ENTRY

NAME _____

ADDRESS _____

_____

_____

HOME _____

MOBILE _____

WORK _____

EMAIL _____

SPOUSE / PARTNER / CHILDREN _____

_____

BIRTHDAY _____ ☐ MOVED—SEE NEW ENTRY

. . . .

NAME _____

ADDRESS _____

_____

_____

HOME _____

MOBILE _____

WORK _____

EMAIL _____

SPOUSE / PARTNER / CHILDREN _____

_____

BIRTHDAY _____ ☐ MOVED—SEE NEW ENTRY

NAME _____

ADDRESS _____

_____

_____

HOME _____

MOBILE _____

WORK _____

EMAIL _____

SPOUSE / PARTNER / CHILDREN _____

_____

BIRTHDAY _____ ☐ MOVED—SEE NEW ENTRY

• •

NAME _____

ADDRESS _____

_____

_____

HOME _____

MOBILE _____

WORK _____

EMAIL _____

SPOUSE / PARTNER / CHILDREN _____

_____

BIRTHDAY _____ ☐ MOVED—SEE NEW ENTRY

NAME _____

ADDRESS _____

_____

_____

HOME _____

MOBILE _____

WORK _____

EMAIL _____

SPOUSE / PARTNER / CHILDREN _____

_____

BIRTHDAY _____ ☐ MOVED—SEE NEW ENTRY

· ·

NAME _____

ADDRESS _____

_____

_____

HOME _____

MOBILE _____

WORK _____

EMAIL _____

SPOUSE / PARTNER / CHILDREN _____

_____

BIRTHDAY _____ ☐ MOVED—SEE NEW ENTRY

NAME _____

ADDRESS _____

_____

_____

HOME _____

MOBILE _____

WORK _____

EMAIL _____

SPOUSE / PARTNER / CHILDREN _____

_____

BIRTHDAY _____ ☐ MOVED—SEE NEW ENTRY

• •

NAME _____

ADDRESS _____

_____

_____

HOME _____

MOBILE _____

WORK _____

EMAIL _____

SPOUSE / PARTNER / CHILDREN _____

_____

BIRTHDAY _____ ☐ MOVED—SEE NEW ENTRY

NAME _____

ADDRESS _____

_____

_____

HOME _____

MOBILE _____

WORK _____

EMAIL _____

SPOUSE / PARTNER / CHILDREN _____

_____

BIRTHDAY _____ ☐ MOVED—SEE NEW ENTRY

· ·

NAME _____

ADDRESS _____

_____

_____

HOME _____

MOBILE _____

WORK _____

EMAIL _____

SPOUSE / PARTNER / CHILDREN _____

_____

BIRTHDAY _____ ☐ MOVED—SEE NEW ENTRY

NAME _____

ADDRESS _____

_____

_____

HOME _____

MOBILE _____

WORK _____

EMAIL _____

SPOUSE / PARTNER / CHILDREN _____

_____

BIRTHDAY _____ ☐ MOVED—SEE NEW ENTRY

· ·

NAME _____

ADDRESS _____

_____

_____

HOME _____

MOBILE _____

WORK _____

EMAIL _____

SPOUSE / PARTNER / CHILDREN _____

_____

BIRTHDAY _____ ☐ MOVED—SEE NEW ENTRY

NAME _____

ADDRESS _____

_____

_____

HOME _____

MOBILE _____

WORK _____

EMAIL _____

SPOUSE / PARTNER / CHILDREN _____

_____

BIRTHDAY _____ ☐ MOVED—SEE NEW ENTRY

· ·

NAME _____

ADDRESS _____

_____

_____

HOME _____

MOBILE _____

WORK _____

EMAIL _____

SPOUSE / PARTNER / CHILDREN _____

_____

BIRTHDAY _____ ☐ MOVED—SEE NEW ENTRY

NAME _____

ADDRESS _____

_____

_____

HOME _____

MOBILE _____

WORK _____

EMAIL _____

SPOUSE / PARTNER / CHILDREN _____

_____

BIRTHDAY _____ ☐ MOVED—SEE NEW ENTRY

• •

O
P

NAME _____

ADDRESS _____

_____

_____

HOME _____

MOBILE _____

WORK _____

EMAIL _____

SPOUSE / PARTNER / CHILDREN _____

_____

BIRTHDAY _____ ☐ MOVED—SEE NEW ENTRY

NAME _____

ADDRESS _____

_____

_____

HOME _____

MOBILE _____

WORK _____

EMAIL _____

SPOUSE / PARTNER / CHILDREN _____

_____

BIRTHDAY _____ ☐ MOVED—SEE NEW ENTRY

• •

NAME _____

ADDRESS _____

_____

_____

HOME _____

MOBILE _____

WORK _____

EMAIL _____

SPOUSE / PARTNER / CHILDREN _____

_____

BIRTHDAY _____ ☐ MOVED—SEE NEW ENTRY

NAME _____

ADDRESS _____

_____

_____

HOME _____

MOBILE _____

WORK _____

EMAIL _____

SPOUSE / PARTNER / CHILDREN _____

_____

BIRTHDAY _____ ☐ MOVED—SEE NEW ENTRY

• •

NAME _____

ADDRESS _____

_____

_____

HOME _____

MOBILE _____

WORK _____

EMAIL _____

SPOUSE / PARTNER / CHILDREN _____

_____

BIRTHDAY _____ ☐ MOVED—SEE NEW ENTRY

NAME _____

ADDRESS _____

_____

_____

HOME _____

MOBILE _____

WORK _____

EMAIL _____

SPOUSE / PARTNER / CHILDREN _____

_____

BIRTHDAY _____ ☐ MOVED—SEE NEW ENTRY

• •

NAME _____

ADDRESS _____

_____

_____

HOME _____

MOBILE _____

WORK _____

EMAIL _____

SPOUSE / PARTNER / CHILDREN _____

_____

BIRTHDAY _____ ☐ MOVED—SEE NEW ENTRY

NAME _____

ADDRESS _____

_____

_____

HOME _____

MOBILE _____

WORK _____

EMAIL _____

SPOUSE / PARTNER / CHILDREN _____

_____

BIRTHDAY _____ ☐ MOVED—SEE NEW ENTRY

• •

NAME _____

ADDRESS _____

_____

_____

HOME _____

MOBILE _____

WORK _____

EMAIL _____

SPOUSE / PARTNER / CHILDREN _____

_____

BIRTHDAY _____ ☐ MOVED—SEE NEW ENTRY

NAME _____

ADDRESS _____

_____

_____

HOME _____

MOBILE _____

WORK _____

EMAIL _____

SPOUSE / PARTNER / CHILDREN _____

_____

BIRTHDAY _____ ☐ MOVED—SEE NEW ENTRY

• •

NAME _____

ADDRESS _____

_____

_____

HOME _____

MOBILE _____

WORK _____

EMAIL _____

SPOUSE / PARTNER / CHILDREN _____

_____

BIRTHDAY _____ ☐ MOVED—SEE NEW ENTRY

NAME _____

ADDRESS _____

_____

_____

HOME _____

MOBILE _____

WORK _____

EMAIL _____

SPOUSE / PARTNER / CHILDREN _____

_____

BIRTHDAY _____ ☐ MOVED—SEE NEW ENTRY

· ·

NAME _____

ADDRESS _____

_____

_____

HOME _____

MOBILE _____

WORK _____

EMAIL _____

SPOUSE / PARTNER / CHILDREN _____

_____

BIRTHDAY _____ ☐ MOVED—SEE NEW ENTRY

NAME _____

ADDRESS _____

_____

_____

HOME _____

MOBILE _____

WORK _____

EMAIL _____

SPOUSE / PARTNER / CHILDREN _____

_____

BIRTHDAY _____ ☐ MOVED—SEE NEW ENTRY

• •

NAME _____

ADDRESS _____

_____

_____

HOME _____

MOBILE _____

WORK _____

EMAIL _____

SPOUSE / PARTNER / CHILDREN _____

_____

BIRTHDAY _____ ☐ MOVED—SEE NEW ENTRY

NAME _____

ADDRESS _____

_____

_____

HOME _____

MOBILE _____

WORK _____

EMAIL _____

SPOUSE / PARTNER / CHILDREN _____

_____

BIRTHDAY _____ ☐ MOVED—SEE NEW ENTRY

• •

NAME _____

ADDRESS _____

_____

_____

HOME _____

MOBILE _____

WORK _____

EMAIL _____

SPOUSE / PARTNER / CHILDREN _____

_____

BIRTHDAY _____ ☐ MOVED—SEE NEW ENTRY

NAME _____

ADDRESS _____

_____

_____

HOME _____

MOBILE _____

WORK _____

EMAIL _____

SPOUSE / PARTNER / CHILDREN _____

_____

BIRTHDAY _____ ☐ MOVED—SEE NEW ENTRY

• •

NAME _____

ADDRESS _____

_____

_____

HOME _____

MOBILE _____

WORK _____

EMAIL _____

SPOUSE / PARTNER / CHILDREN _____

_____

BIRTHDAY _____ ☐ MOVED—SEE NEW ENTRY

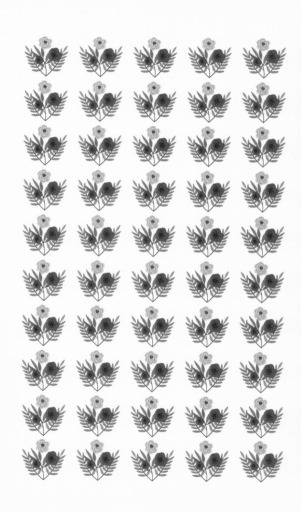

Q
R

NAME _____

ADDRESS _____

_____

_____

HOME _____

MOBILE _____

WORK _____

EMAIL _____

SPOUSE / PARTNER / CHILDREN _____

_____

BIRTHDAY _____ ☐ MOVED—SEE NEW ENTRY

• •

NAME _____

ADDRESS _____

_____

_____

HOME _____

MOBILE _____

WORK _____

EMAIL _____

SPOUSE / PARTNER / CHILDREN _____

_____

BIRTHDAY _____ ☐ MOVED—SEE NEW ENTRY

Q
R

NAME _____

ADDRESS _____

_____

_____

HOME _____

MOBILE _____

WORK _____

EMAIL _____

SPOUSE / PARTNER / CHILDREN _____

_____

BIRTHDAY _____ ☐ MOVED—SEE NEW ENTRY

· ·

NAME _____

ADDRESS _____

_____

_____

HOME _____

MOBILE _____

WORK _____

EMAIL _____

SPOUSE / PARTNER / CHILDREN _____

_____

BIRTHDAY _____ ☐ MOVED—SEE NEW ENTRY

Q
R

NAME _____

ADDRESS _____

_____

_____

HOME _____

MOBILE _____

WORK _____

EMAIL _____

SPOUSE / PARTNER / CHILDREN _____

_____

BIRTHDAY _____ ☐ MOVED—SEE NEW ENTRY

• •

Q
R

NAME _____

ADDRESS _____

_____

_____

HOME _____

MOBILE _____

WORK _____

EMAIL _____

SPOUSE / PARTNER / CHILDREN _____

_____

BIRTHDAY _____ ☐ MOVED—SEE NEW ENTRY

NAME _____

ADDRESS _____

_____

_____

HOME _____

MOBILE _____

WORK _____

EMAIL _____

SPOUSE / PARTNER / CHILDREN _____

_____

BIRTHDAY _____ ☐ MOVED—SEE NEW ENTRY

• •

NAME _____

ADDRESS _____

_____

_____

HOME _____

MOBILE _____

WORK _____

EMAIL _____

SPOUSE / PARTNER / CHILDREN _____

_____

BIRTHDAY _____ ☐ MOVED—SEE NEW ENTRY

—)))))- ⚘ -((((—

NAME _____

ADDRESS _____

_____

_____

HOME _____

MOBILE _____

WORK _____

EMAIL _____

SPOUSE / PARTNER / CHILDREN _____

_____

BIRTHDAY _____ ☐ MOVED—SEE NEW ENTRY

• •

NAME _____

ADDRESS _____

_____

_____

HOME _____

MOBILE _____

WORK _____

EMAIL _____

SPOUSE / PARTNER / CHILDREN _____

_____

BIRTHDAY _____ ☐ MOVED—SEE NEW ENTRY

Q
R

NAME _____

ADDRESS _____

_____

_____

HOME _____

MOBILE _____

WORK _____

EMAIL _____

SPOUSE / PARTNER / CHILDREN _____

_____

BIRTHDAY_____ ☐ MOVED—SEE NEW ENTRY

• •

NAME _____

ADDRESS _____

_____

_____

HOME _____

MOBILE _____

WORK _____

EMAIL _____

SPOUSE / PARTNER / CHILDREN _____

_____

BIRTHDAY_____ ☐ MOVED—SEE NEW ENTRY

—⟫)⟩— ❀ —⟨(⟨⟪—

NAME _____

ADDRESS _____

_____

_____

HOME _____

MOBILE _____

WORK _____

EMAIL _____

SPOUSE / PARTNER / CHILDREN _____

_____

BIRTHDAY _____ ☐ MOVED—SEE NEW ENTRY

• •

NAME _____

ADDRESS _____

_____

_____

HOME _____

MOBILE _____

WORK _____

EMAIL _____

SPOUSE / PARTNER / CHILDREN _____

_____

BIRTHDAY _____ ☐ MOVED—SEE NEW ENTRY

NAME _____

ADDRESS _____

_____

_____

HOME _____

MOBILE _____

WORK _____

EMAIL _____

SPOUSE / PARTNER / CHILDREN _____

_____

BIRTHDAY _____ ☐ MOVED—SEE NEW ENTRY

· ·

NAME _____

ADDRESS _____

_____

_____

HOME _____

MOBILE _____

WORK _____

EMAIL _____

SPOUSE / PARTNER / CHILDREN _____

_____

BIRTHDAY _____ ☐ MOVED—SEE NEW ENTRY

—⟩⟩⟩⟩— ❋ —⟨⟨⟨⟨—

NAME _____

ADDRESS _____

_____

_____

HOME _____

MOBILE _____

WORK _____

EMAIL _____

SPOUSE / PARTNER / CHILDREN _____

_____

BIRTHDAY _____ ☐ MOVED—SEE NEW ENTRY

. . . .

NAME _____

ADDRESS _____

_____

_____

HOME _____

MOBILE _____

WORK _____

EMAIL _____

SPOUSE / PARTNER / CHILDREN _____

_____

BIRTHDAY _____ ☐ MOVED—SEE NEW ENTRY

Q
R

NAME _____

ADDRESS _____

_____

_____

HOME _____

MOBILE _____

WORK _____

EMAIL _____

SPOUSE / PARTNER / CHILDREN _____

_____

BIRTHDAY _____ ☐ MOVED—SEE NEW ENTRY

· ·

NAME _____

ADDRESS _____

_____

_____

HOME _____

MOBILE _____

WORK _____

EMAIL _____

SPOUSE / PARTNER / CHILDREN _____

_____

BIRTHDAY _____ ☐ MOVED—SEE NEW ENTRY

Q
R

NAME_____

ADDRESS_____

_____

_____

HOME_____

MOBILE_____

WORK_____

EMAIL_____

SPOUSE / PARTNER / CHILDREN_____

_____

BIRTHDAY_____ ☐ MOVED—SEE NEW ENTRY

• •

NAME_____

ADDRESS_____

_____

_____

HOME_____

MOBILE_____

WORK_____

EMAIL_____

SPOUSE / PARTNER / CHILDREN_____

_____

BIRTHDAY_____ ☐ MOVED—SEE NEW ENTRY

S
T

NAME _____

ADDRESS _____

_____

_____

HOME _____

MOBILE _____

WORK _____

EMAIL _____

SPOUSE / PARTNER / CHILDREN _____

_____

BIRTHDAY _____ ☐ MOVED—SEE NEW ENTRY

· ·

NAME _____

ADDRESS _____

_____

_____

HOME _____

MOBILE _____

WORK _____

EMAIL _____

SPOUSE / PARTNER / CHILDREN _____

_____

BIRTHDAY _____ ☐ MOVED—SEE NEW ENTRY

NAME _____

ADDRESS _____

_____

_____

HOME _____

MOBILE _____

WORK _____

EMAIL _____

SPOUSE / PARTNER / CHILDREN _____

_____

BIRTHDAY _____ ☐ MOVED—SEE NEW ENTRY

. . . .

NAME _____

ADDRESS _____

_____

_____

S
T

HOME _____

MOBILE _____

WORK _____

EMAIL _____

SPOUSE / PARTNER / CHILDREN _____

_____

BIRTHDAY _____ ☐ MOVED—SEE NEW ENTRY

NAME _____

ADDRESS _____

_____

_____

HOME _____

MOBILE _____

WORK _____

EMAIL _____

SPOUSE / PARTNER / CHILDREN _____

_____

BIRTHDAY _____ ☐ MOVED—SEE NEW ENTRY

• •

NAME _____

ADDRESS _____

_____

_____

HOME _____

MOBILE _____

WORK _____

EMAIL _____

SPOUSE / PARTNER / CHILDREN _____

_____

BIRTHDAY _____ ☐ MOVED—SEE NEW ENTRY

NAME _____

ADDRESS _____

_____

_____

HOME _____

MOBILE _____

WORK _____

EMAIL _____

SPOUSE / PARTNER / CHILDREN _____

_____

BIRTHDAY _____ ☐ MOVED—SEE NEW ENTRY

• •

NAME _____

ADDRESS _____

_____

_____

HOME _____

MOBILE _____

WORK _____

EMAIL _____

SPOUSE / PARTNER / CHILDREN _____

_____

BIRTHDAY _____ ☐ MOVED—SEE NEW ENTRY

NAME

ADDRESS

HOME

MOBILE

WORK

EMAIL

SPOUSE / PARTNER / CHILDREN

BIRTHDAY _____ ☐ MOVED—SEE NEW ENTRY

• •

NAME

ADDRESS

HOME

MOBILE

WORK

EMAIL

SPOUSE / PARTNER / CHILDREN

BIRTHDAY _____ ☐ MOVED—SEE NEW ENTRY

S
T

NAME _____

ADDRESS _____

_____

_____

HOME _____

MOBILE _____

WORK _____

EMAIL _____

SPOUSE / PARTNER / CHILDREN _____

_____

BIRTHDAY _____ ☐ MOVED—SEE NEW ENTRY

• •

NAME _____

ADDRESS _____

_____

_____

HOME _____

MOBILE _____

WORK _____

EMAIL _____

SPOUSE / PARTNER / CHILDREN _____

_____

BIRTHDAY _____ ☐ MOVED—SEE NEW ENTRY

NAME _____

ADDRESS _____

_____

_____

HOME _____

MOBILE _____

WORK _____

EMAIL _____

SPOUSE / PARTNER / CHILDREN _____

_____

BIRTHDAY _____ ☐ MOVED—SEE NEW ENTRY

• •

NAME _____

ADDRESS _____

_____

_____

HOME _____

MOBILE _____

WORK _____

EMAIL _____

SPOUSE / PARTNER / CHILDREN _____

_____

BIRTHDAY _____ ☐ MOVED—SEE NEW ENTRY

S
T

—))))) ❁ ((((—

NAME _____

ADDRESS _____

_____

_____

HOME _____

MOBILE _____

WORK _____

EMAIL _____

SPOUSE / PARTNER / CHILDREN _____

_____

BIRTHDAY _____ ☐ MOVED—SEE NEW ENTRY

• •

NAME _____

ADDRESS _____

_____

_____

HOME _____

MOBILE _____

WORK _____

EMAIL _____

SPOUSE / PARTNER / CHILDREN _____

_____

BIRTHDAY _____ ☐ MOVED—SEE NEW ENTRY

NAME _____

ADDRESS _____

_____

_____

HOME _____

MOBILE _____

WORK _____

EMAIL _____

SPOUSE / PARTNER / CHILDREN _____

_____

BIRTHDAY _____ ☐ MOVED—SEE NEW ENTRY

• •

NAME _____

ADDRESS _____

_____

_____

HOME _____

MOBILE _____

WORK _____

EMAIL _____

SPOUSE / PARTNER / CHILDREN _____

_____

BIRTHDAY _____ ☐ MOVED—SEE NEW ENTRY

S
T

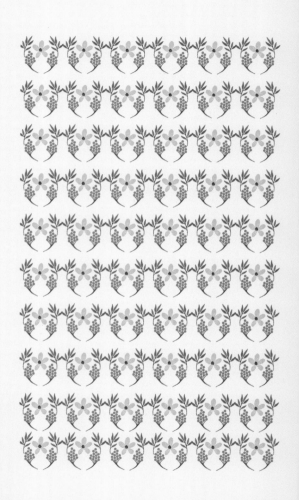

U
V

NAME _____

ADDRESS _____

_____

_____

HOME _____

MOBILE _____

WORK _____

EMAIL _____

SPOUSE / PARTNER / CHILDREN _____

_____

BIRTHDAY _____ ☐ MOVED—SEE NEW ENTRY

• •

NAME _____

ADDRESS _____

_____

_____

HOME _____

MOBILE _____

WORK _____

EMAIL _____

SPOUSE / PARTNER / CHILDREN _____

_____

BIRTHDAY _____ ☐ MOVED—SEE NEW ENTRY

NAME _____

ADDRESS _____

_____

_____

HOME _____

MOBILE _____

WORK _____

EMAIL _____

SPOUSE / PARTNER / CHILDREN _____

_____

BIRTHDAY _____ ☐ MOVED—SEE NEW ENTRY

· ·

NAME _____

ADDRESS _____

_____

_____

HOME _____

MOBILE _____

WORK _____

EMAIL _____

SPOUSE / PARTNER / CHILDREN _____

_____

BIRTHDAY _____ ☐ MOVED—SEE NEW ENTRY

NAME _____

ADDRESS _____

_____

_____

HOME _____

MOBILE _____

WORK _____

EMAIL _____

SPOUSE / PARTNER / CHILDREN _____

_____

BIRTHDAY _____ ☐ MOVED—SEE NEW ENTRY

• •

NAME _____

ADDRESS _____

_____

_____

HOME _____

MOBILE _____

WORK _____

EMAIL _____

SPOUSE / PARTNER / CHILDREN _____

_____

BIRTHDAY _____ ☐ MOVED—SEE NEW ENTRY

U
V

NAME _____

ADDRESS _____

_____

_____

HOME _____

MOBILE _____

WORK _____

EMAIL _____

SPOUSE / PARTNER / CHILDREN _____

_____

BIRTHDAY _____ ☐ MOVED—SEE NEW ENTRY

• •

NAME _____

ADDRESS _____

_____

_____

HOME _____

MOBILE _____

WORK _____

EMAIL _____

SPOUSE / PARTNER / CHILDREN _____

_____

BIRTHDAY _____ ☐ MOVED—SEE NEW ENTRY

U
V

NAME _____

ADDRESS _____

_____

_____

HOME _____

MOBILE _____

WORK _____

EMAIL _____

SPOUSE / PARTNER / CHILDREN _____

_____

BIRTHDAY _____ ☐ MOVED—SEE NEW ENTRY

• •

NAME _____

ADDRESS _____

_____

_____

HOME _____

MOBILE _____

WORK _____

EMAIL _____

SPOUSE / PARTNER / CHILDREN _____

_____

BIRTHDAY _____ ☐ MOVED—SEE NEW ENTRY

U
V

NAME _____

ADDRESS _____

_____

_____

HOME _____

MOBILE _____

WORK _____

EMAIL _____

SPOUSE / PARTNER / CHILDREN _____

_____

BIRTHDAY _____ ☐ MOVED—SEE NEW ENTRY

• •

NAME _____

ADDRESS _____

_____

_____

HOME _____

MOBILE _____

WORK _____

EMAIL _____

SPOUSE / PARTNER / CHILDREN _____

_____

BIRTHDAY _____ ☐ MOVED—SEE NEW ENTRY

U
V

NAME _____

ADDRESS _____

_____

_____

HOME _____

MOBILE _____

WORK _____

EMAIL _____

SPOUSE / PARTNER / CHILDREN _____

_____

BIRTHDAY _____ ☐ MOVED—SEE NEW ENTRY

• •

NAME _____

ADDRESS _____

_____

_____

HOME _____

MOBILE _____

WORK _____

EMAIL _____

SPOUSE / PARTNER / CHILDREN _____

_____

BIRTHDAY _____ ☐ MOVED—SEE NEW ENTRY

U
V

NAME _____

ADDRESS _____

_____

_____

HOME _____

MOBILE _____

WORK _____

EMAIL _____

SPOUSE / PARTNER / CHILDREN _____

_____

BIRTHDAY _____ ☐ MOVED—SEE NEW ENTRY

• •

NAME _____

ADDRESS _____

_____

_____

HOME _____

MOBILE _____

WORK _____

EMAIL _____

SPOUSE / PARTNER / CHILDREN _____

_____

BIRTHDAY _____ ☐ MOVED—SEE NEW ENTRY

U
V

NAME _____

ADDRESS _____

_____

_____

HOME _____

MOBILE _____

WORK _____

EMAIL _____

SPOUSE / PARTNER / CHILDREN _____

_____

BIRTHDAY _____ ☐ MOVED—SEE NEW ENTRY

• •

NAME _____

ADDRESS _____

_____

_____

HOME _____

MOBILE _____

WORK _____

EMAIL _____

SPOUSE / PARTNER / CHILDREN _____

_____

BIRTHDAY _____ ☐ MOVED—SEE NEW ENTRY

U
V

NAME _____

ADDRESS _____

_____

_____

HOME _____

MOBILE _____

WORK _____

EMAIL _____

SPOUSE / PARTNER / CHILDREN _____

_____

BIRTHDAY _____ ☐ MOVED—SEE NEW ENTRY

• •

NAME _____

ADDRESS _____

_____

_____

HOME _____

MOBILE _____

WORK _____

EMAIL _____

SPOUSE / PARTNER / CHILDREN _____

_____

BIRTHDAY _____ ☐ MOVED—SEE NEW ENTRY

U
V

W
X

NAME _____

ADDRESS _____

_____

_____

HOME _____

MOBILE _____

WORK _____

EMAIL _____

SPOUSE / PARTNER / CHILDREN _____

_____

BIRTHDAY _____ ☐ MOVED—SEE NEW ENTRY

• •

NAME _____

ADDRESS _____

_____

_____

HOME _____

MOBILE _____

WORK _____

EMAIL _____

SPOUSE / PARTNER / CHILDREN _____

_____

BIRTHDAY _____ ☐ MOVED—SEE NEW ENTRY

W
X

NAME _____

ADDRESS _____

_____

_____

HOME _____

MOBILE _____

WORK _____

EMAIL _____

SPOUSE / PARTNER / CHILDREN _____

_____

BIRTHDAY _____ ☐ MOVED—SEE NEW ENTRY

· ·

NAME _____

ADDRESS _____

_____

_____

HOME _____

MOBILE _____

WORK _____

EMAIL _____

SPOUSE / PARTNER / CHILDREN _____

_____

BIRTHDAY _____ ☐ MOVED—SEE NEW ENTRY

W
X

NAME _____

ADDRESS _____

_____

_____

HOME _____

MOBILE _____

WORK _____

EMAIL _____

SPOUSE / PARTNER / CHILDREN _____

_____

BIRTHDAY _____ ☐ MOVED—SEE NEW ENTRY

• •

NAME _____

ADDRESS _____

_____

_____

HOME _____

MOBILE _____

WORK _____

EMAIL _____

SPOUSE / PARTNER / CHILDREN _____

_____

BIRTHDAY _____ ☐ MOVED—SEE NEW ENTRY

NAME _____

ADDRESS _____

_____

_____

HOME _____

MOBILE _____

WORK _____

EMAIL _____

SPOUSE / PARTNER / CHILDREN _____

_____

BIRTHDAY _____ ☐ MOVED—SEE NEW ENTRY

• •

NAME _____

ADDRESS _____

_____

_____

HOME _____

MOBILE _____

WORK _____

EMAIL _____

SPOUSE / PARTNER / CHILDREN _____

_____

BIRTHDAY _____ ☐ MOVED—SEE NEW ENTRY

W
X

NAME _____

ADDRESS _____

_____

_____

HOME _____

MOBILE _____

WORK _____

EMAIL _____

SPOUSE / PARTNER / CHILDREN _____

_____

BIRTHDAY _____ ☐ MOVED—SEE NEW ENTRY

• •

NAME _____

ADDRESS _____

_____

_____

HOME _____

MOBILE _____

WORK _____

EMAIL _____

SPOUSE / PARTNER / CHILDREN _____

_____

BIRTHDAY _____ ☐ MOVED—SEE NEW ENTRY

NAME _____

ADDRESS _____

_____

_____

HOME _____

MOBILE _____

WORK _____

EMAIL _____

SPOUSE / PARTNER / CHILDREN _____

_____

BIRTHDAY _____ ☐ MOVED—SEE NEW ENTRY

• •

NAME _____

ADDRESS _____

_____

_____

HOME _____

MOBILE _____

WORK _____

EMAIL _____

SPOUSE / PARTNER / CHILDREN _____

_____

BIRTHDAY _____ ☐ MOVED—SEE NEW ENTRY

W
X

NAME _____

ADDRESS _____

_____

_____

HOME _____

MOBILE _____

WORK _____

EMAIL _____

SPOUSE / PARTNER / CHILDREN _____

_____

BIRTHDAY _____ ☐ MOVED—SEE NEW ENTRY

• •

NAME _____

ADDRESS _____

_____

_____

HOME _____

MOBILE _____

WORK _____

EMAIL _____

SPOUSE / PARTNER / CHILDREN _____

_____

BIRTHDAY _____ ☐ MOVED—SEE NEW ENTRY

W
X

NAME _____

ADDRESS _____

_____

_____

HOME _____

MOBILE _____

WORK _____

EMAIL _____

SPOUSE / PARTNER / CHILDREN _____

_____

BIRTHDAY _____ ☐ MOVED—SEE NEW ENTRY

• •

NAME _____

ADDRESS _____

_____

_____

HOME _____

MOBILE _____

WORK _____

EMAIL _____

SPOUSE / PARTNER / CHILDREN _____

_____

BIRTHDAY _____ ☐ MOVED—SEE NEW ENTRY

W
X

NAME _____

ADDRESS _____

_____

_____

HOME _____

MOBILE _____

WORK _____

EMAIL _____

SPOUSE / PARTNER / CHILDREN _____

_____

BIRTHDAY _____ ☐ MOVED—SEE NEW ENTRY

• •

NAME _____

ADDRESS _____

_____

_____

HOME _____

MOBILE _____

WORK _____

EMAIL _____

SPOUSE / PARTNER / CHILDREN _____

_____

BIRTHDAY _____ ☐ MOVED—SEE NEW ENTRY

W
X

NAME _____

ADDRESS _____

_____

_____

HOME _____

MOBILE _____

WORK _____

EMAIL _____

SPOUSE / PARTNER / CHILDREN _____

_____

BIRTHDAY _____ ☐ MOVED—SEE NEW ENTRY

• •

NAME _____

ADDRESS _____

_____

_____

HOME _____

MOBILE _____

WORK _____

EMAIL _____

SPOUSE / PARTNER / CHILDREN _____

_____

BIRTHDAY _____ ☐ MOVED—SEE NEW ENTRY

W
X

NAME _____

ADDRESS _____

_____

_____

HOME _____

MOBILE _____

WORK _____

EMAIL _____

SPOUSE / PARTNER / CHILDREN _____

_____

BIRTHDAY _____ ☐ MOVED—SEE NEW ENTRY

• •

NAME _____

ADDRESS _____

_____

_____

HOME _____

MOBILE _____

WORK _____

EMAIL _____

SPOUSE / PARTNER / CHILDREN _____

_____

BIRTHDAY _____ ☐ MOVED—SEE NEW ENTRY

W
X

NAME _____

ADDRESS _____

_____

_____

HOME _____

MOBILE _____

WORK _____

EMAIL _____

SPOUSE / PARTNER / CHILDREN _____

_____

BIRTHDAY _____ ☐ MOVED—SEE NEW ENTRY

• •

NAME _____

ADDRESS _____

_____

_____

HOME _____

MOBILE _____

WORK _____

EMAIL _____

SPOUSE / PARTNER / CHILDREN _____

_____

BIRTHDAY _____ ☐ MOVED—SEE NEW ENTRY

W
X

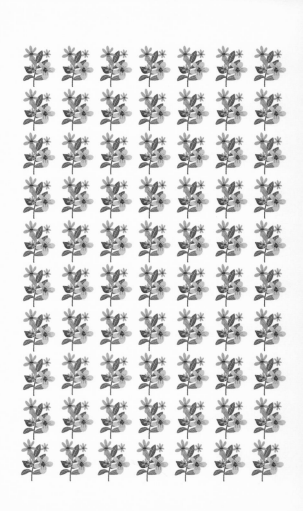

YZ

NAME _____

ADDRESS _____

_____

_____

HOME _____

MOBILE _____

WORK _____

EMAIL _____

SPOUSE / PARTNER / CHILDREN _____

_____

BIRTHDAY _____ ☐ MOVED—SEE NEW ENTRY

• •

NAME _____

ADDRESS _____

_____

_____

HOME _____

MOBILE _____

WORK _____

EMAIL _____

SPOUSE / PARTNER / CHILDREN _____

_____

BIRTHDAY _____ ☐ MOVED—SEE NEW ENTRY

Y
Z

NAME _____

ADDRESS _____

_____

_____

HOME _____

MOBILE _____

WORK _____

EMAIL _____

SPOUSE / PARTNER / CHILDREN _____

BIRTHDAY _____ ☐ MOVED—SEE NEW ENTRY

• •

NAME _____

ADDRESS _____

_____

_____

HOME _____

MOBILE _____

WORK _____

EMAIL _____

SPOUSE / PARTNER / CHILDREN _____

BIRTHDAY _____ ☐ MOVED—SEE NEW ENTRY

Y
Z

NAME _____

ADDRESS _____

_____

_____

HOME _____

MOBILE _____

WORK _____

EMAIL _____

SPOUSE / PARTNER / CHILDREN _____

_____

BIRTHDAY _____ ☐ MOVED—SEE NEW ENTRY

• •

NAME _____

ADDRESS _____

_____

_____

HOME _____

MOBILE _____

WORK _____

EMAIL _____

SPOUSE / PARTNER / CHILDREN _____

_____

BIRTHDAY _____ ☐ MOVED—SEE NEW ENTRY

Y
Z

NAME _____

ADDRESS _____

_____

_____

HOME _____

MOBILE _____

WORK _____

EMAIL _____

SPOUSE / PARTNER / CHILDREN _____

_____

BIRTHDAY _____ ☐ MOVED—SEE NEW ENTRY

• •

NAME _____

ADDRESS _____

_____

_____

HOME _____

MOBILE _____

WORK _____

EMAIL _____

SPOUSE / PARTNER / CHILDREN _____

_____

BIRTHDAY _____ ☐ MOVED—SEE NEW ENTRY

Y
Z

NAME _____

ADDRESS _____

_____

_____

HOME _____

MOBILE _____

WORK _____

EMAIL _____

SPOUSE / PARTNER / CHILDREN _____

_____

BIRTHDAY _____ ☐ MOVED—SEE NEW ENTRY

• •

NAME _____

ADDRESS _____

_____

_____

HOME _____

MOBILE _____

WORK _____

EMAIL _____

SPOUSE / PARTNER / CHILDREN _____

_____

BIRTHDAY _____ ☐ MOVED—SEE NEW ENTRY

Y
Z

NAME _____

ADDRESS _____

_____

_____

HOME _____

MOBILE _____

WORK _____

EMAIL _____

SPOUSE / PARTNER / CHILDREN _____

_____

BIRTHDAY _____ ☐ MOVED—SEE NEW ENTRY

• •

NAME _____

ADDRESS _____

_____

_____

HOME _____

MOBILE _____

WORK _____

EMAIL _____

SPOUSE / PARTNER / CHILDREN _____

_____

BIRTHDAY _____ ☐ MOVED—SEE NEW ENTRY

Y
Z

NAME _____

ADDRESS _____

_____

_____

_____

HOME _____

MOBILE _____

WORK _____

EMAIL _____

SPOUSE / PARTNER / CHILDREN _____

_____

BIRTHDAY _____ ☐ MOVED—SEE NEW ENTRY

· ·

NAME _____

ADDRESS _____

_____

_____

_____

HOME _____

MOBILE _____

WORK _____

EMAIL _____

SPOUSE / PARTNER / CHILDREN _____

_____

BIRTHDAY _____ ☐ MOVED—SEE NEW ENTRY

Y
Z

NAME _____

ADDRESS _____

_____

_____

HOME _____

MOBILE _____

WORK _____

EMAIL _____

SPOUSE / PARTNER / CHILDREN _____

_____

BIRTHDAY_____ ☐ MOVED—SEE NEW ENTRY

• •

NAME _____

ADDRESS _____

_____

_____

HOME _____

MOBILE _____

WORK _____

EMAIL _____

SPOUSE / PARTNER / CHILDREN _____

_____

BIRTHDAY_____ ☐ MOVED—SEE NEW ENTRY

Y
Z

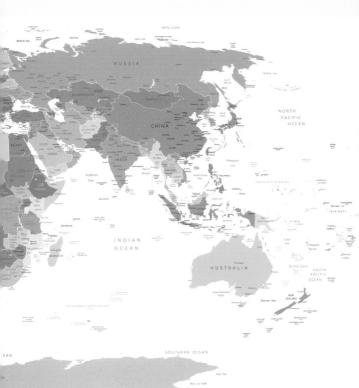

INTERNATIONAL DIALING CODES

Codes below include national and city codes; national codes are in bold. Please note that it is possible that some codes may have changed since publication.

AFGHANISTAN	**93**
ALBANIA	**355**
Durres	52
Tirana	4
ALGERIA	**213**
Adrar	49
Bejaia	34
AMERICAN SAMOA	**1 684**
ANDORRA	**376**
ANGOLA	**244**
ANGUILLA	**1 264**
ANTARCTICA	
(Australian bases)	6721
ANTIGUA AND BARBUDA	**1 268**
ARGENTINA	**54**
Buenos Aires	11
Córdoba	351
ARMENIA	**374**
ARUBA	**297**
Ascension	247
AUSTRALIA	**61**
Brisbane	7
Canberra	2
Melbourne	3
Sydney	2
AUSTRIA	**43**
Graz	316
Innsbruck	512
Salzburg	662
Vienna	1
AZERBAIJAN	**994**
BAHAMAS	**1 242**

BAHRAIN	**973**
BANGLADESH	**880**
Dhaka	2
BARBADOS	**1 246**
BELARUS	**375**
BELGIUM	**32**
Antwerp	3
Brussels	2
Liège	4
BELIZE	**501**
Belize City	2
Benin	229
BERMUDA	**1 441**
BHUTAN	**975**
BOLIVIA	**591**
La Paz	2
Santa Cruz	3
BOSNIA AND HERZEGOVINA	**387**
SARAJEVO	**33**
BOTSWANA	**267**
BRAZIL	**55**
Brasilia	61
Rio de Janeiro	21
São Paolo	11
BRITISH INDIAN OCEAN TERRITORY	
	246
BRITISH VIRGIN ISLANDS	**1 284**
BRUNEI	**673**
BULGARIA	**359**
Sofia	2
BURKINA FASO	**226**
BURUNDI	**257**

Brimming with creative inspiration, how-to projects, and useful information to enrich your everyday life, Quarto Knows is a favorite destination for those pursuing their interests and passions. Visit our site and dig deeper with our books into your area of interest: Quarto Creates, Quarto Cooks, Quarto Homes, Quarto Lives, Quarto Drives, Quarto Explores, Quarto Gifts, or Quarto Kids.

First published in 2017 by Rock Point, an imprint of The Quarto Group
142 West 36th Street, 4th Floor, New York, NY 10018, USA
T (212) 779-4972 **F** (212) 779-6058
www.QuartoKnows.com

Rock Point titles are also available at discount for retail, wholesale, promotional, and bulk purchase. For details, contact the Special Sales Manager by email at specialsales@quarto.com or by mail at The Quarto Group, Attn: Special Sales Manager, 401 Second Avenue North, Suite 310, Minneapolis, MN 55401, USA.

10 9 8 7 6 5 4 3 2

ISBN: 978-1-63106-379-4

Editorial Director: Rage Kindelsperger
Creative Director: Merideth Harte
Managing Editor: Erin Canning
Editorial Project Manager: Chris Krovatin
Design: Amy Harte for 3&Co.

Printed in China